FICHA CATALOGRÁFICA

(Preparada na Editora)

Xavier, Francisco Cândido, 1910-2002.

X19e   Encontro de Paz / Francisco Cândido Xavier, Espíritos
Diversos. Prefácio de Emmanuel. Araras, SP, 9ª edição,
IDE, 2023. (1ª e 2ª edições CEC, Uberaba, MG, 1973-1974.

160 p.:

ISBN 978-65-86112-41-2

1. Espiritismo 2. Psicografia - Mensagens I. Espíritos
Diversos. II. Título.

CDD - 133.9
-133.91

Índices para catálogo sistemático:

1. Espiritismo 133.9
2. Psicografia: Mensagens: Espiritismo 133.91

ENCONTRO DE PAZ

ISBN 978-65-86112-41-2

9ª edição - abril/2023

Copyright © 1985,
Instituto de Difusão Espírita - IDE

Conselho Editorial:
Doralice Scanavini Volk
Wilson Frungilo Júnior

Produção e Coordenação:
Jairo Lorenzeti

Capa:
Samuel Carminatti Ferrari

Diagramação:
Maria Isabel Estéfano Rissi

Parceiro de distribuição:
Instituto Beneficente Boa Nova
Fone: (17) 3531-4444
www.boanova.net
boanova@boanova.net

INSTITUTO DE DIFUSÃO ESPÍRITA - IDE

Rua Emílio Fererira , 177 - Centro
CEP 13600-092- Araras/SP - Brasil
Fones (19) 3543-2400 e 3541-5215
CNPJ 44.220.101/0001-43
Inscrição Estadual 182.010.405.118

www.ideeditora.com.br
editorial@ideeditora.com.br

ESPÍRITO ANDRÉ LUIZ

CHICO XAVIER

ENCONTRO DE PAZ

ide

Sumário

Paz seja convosco

Jesus

Chico Xavier

Encontro de paz

Emmanuel

FREQUENTEMENTE, ANSEIAS POR SEGURANÇA E tranquilidade, no entanto, é forçoso não esquecer que paz e estabilidade estão em ti e se irradiam de ti.

Se o tumulto te rodeia, envia pensamentos de harmonia aos que se emaranham nele, desejando-lhes reajuste.

Ante conflitos que surjam, silencia projetando vibrações de entendimento a quantos se lhes fazem vítimas, aspirando a vê-los repostos na luz da fraternidade.

À frente de companheiros entregues à desesperação, imagina-te a envolvê-los em serenidade, rearticulando-lhes o otimismo e a esperança.

Perante o desequilíbrio de alguém, auxilia a esse alguém com os teus votos íntimos de recuperação e repouso.

Se te vês ao lado de um enfermo, detém-te a meditar em melhora e restauração, augurando-lhe saúde e alegria.

Diante de irmãos abatidos e tristes, canaliza para eles as tuas mais amplas ideias de reconforto.

Quando ouvires uma pessoa imatura ou portadora de conversação menos feliz, busca socorrê-la sem palavras, encaminhando-lhe mensagens inarticuladas de compreensão e simpatia.

Se te recordas de amigos ausentes, mentaliza apoio e bondade, relativamente a eles, a fim de protegê-los e animá-los na execução dos compromissos que abraçam.

Este livro é um encontro de paz.

Saibamos suprimir de sentimentos, ideias, atitudes, palavras e ações tudo o que se relacione com ressentimento, perturbação, ódio, azedume, amargura ou violência e, trabalhando e servindo no bem de todos, procuremos agir e pensar em paz, doando paz aos que nos compartilham a vida.

O Reino dos Céus é luz de amor em refúgio de paz e não nos será lícito olvidar que Jesus, a cada um de nós, afirmou, convincente: – "Não procures o Reino de Deus aqui ou além, porque o Reino de Deus está dentro de ti."

Chico Xavier

1
Súplica e louvor

Maria Dolores

Senhor!...
Aqui estamos nós para louvar-te
E agradecer-te, de alma enternecida,
Pela bênção de amor com que vives conosco, em toda
parte,
Por presença de luz em nossa vida.
Contigo em nós, o coração descansa
E mesmo quando o dia aparece nevoento,
Eis que a Terra se faz um reino de esperança,
Uma escola de paz aos sóis do firmamento!...

Agradeço, Jesus,
Os teus olhos nos meus
Que me fazem saber, de caminho a caminho,
Que não há ser algum desprezado ou sozinho,
Que do monte mais alto ao vale mais profundo,
Todos, sem exceção, nas províncias do mundo,
Somos filhos de Deus.

Em teu discreto amparo que renova
O meu campo mental,
Aprendo hoje a ouvir todas as vozes,
Do cicio da intriga aos gritos mais ferozes,
Sem deixar-me prender às sugestões do mal!...

Com tua força em minha força
Venho apagando impulsos infelizes,
E quando o peito se me desarvora,
Conquanto sofra, sei que devo agora
Converter em trabalho as minhas próprias crises.

Ao teu poder sublime,
Escolho o verbo e o modo para o bem,
A fim de que me exprima,
Sem fazer da palavra instrumento de esgrima,
Com que venha a ferir ou condenar alguém.

Com tuas mãos em minhas mãos,
Agradeço os amigos que me ofertas,
Para que eu possa cooperar
No auxílio aos que vão sem apoio ou sem lar,
Entre as horas de angústia e as estradas desertas!...

Não nos largues, Senhor, aos nossos próprios passos...
Olvidando-te a luz, quanta vez me perdi!...
Sem teu amor, a vida é um sonho escuro e vago,
Não me deixes a sós, nas fraquezas que trago,
Nada posso sem ti!...

Chico Xavier

2
Brinde para Jesus

Emmanuel

NA EXISTÊNCIA TERRESTRE, SURGEM MOMEN-
tos tão aflitivos em certas circunstâncias, que mais
vale dissolver as nossas reações na luz do entendimento, ante o silêncio do coração, que expô-las
verbalmente, traduzindo-as nos lábios, sob a força
do raciocínio.

Bastas vezes, semelhantes ocasiões decorrem de
provações particulares, na vida íntima, como sejam:

a atitude impensada de pais queridos, ante os
quais não nos será lícito demonstrar o mínimo des-
consolo;

a ofensa de filhos bem-amados, a quem desejamos ofertar unicamente proteção e ternura;

a hora de lágrimas de incompreensão de que partilhamos, frequentemente, perante a companheira ou o companheiro com os quais tenhamos edificado a bênção do lar;

o prejuízo que procede do associado de trabalho ou de ideal, a cuja amizade empenhamos o coração;

o desapontamento que um amigo nos cause;

o menosprezo oriundo da indiferença de companheiros que relacionávamos por tesouros de felicidade no escrínio da vida;

a deserção dos seres queridos;

a extremada luta pela conquista de compreensão naqueles com quem respiramos o mesmo clima espiritual;

a dor que os entes amados nos impõem, quando se fazem motivos de tumulto e tribulação no campo de nossa própria casa...

Nessas horas de crise, em que tudo parece conspirar contra nós e em que a nossa própria palavra, se for expressa, nada mais conseguirá que complicação e mais luta para a vida dos outros, lembremo-nos de que todos somos criaturas do Criador e ofereçamos um brinde para Jesus, de quem todos somos tutelados na Terra: – o brinde da paciência para com todos aqueles que nos criem provações e problemas, e, reconhecendo que os objetivos da evolução se nos resumem na formação da felicidade de todos, em louvor de todos, acendamos pelo menos pequenina chama de amor no próprio coração... E com semelhante luz, trabalhando e servindo, sem precipitação e sem desânimo, aguardaremos, em paz, a intervenção infalível das Leis de Deus.

Chico Xavier

3
Rogativa e cooperação

Emmanuel

ROGAMOS A ASSISTÊNCIA E O PODER DE DEUS, em nosso benefício, entretanto, é forçoso lembrar que Deus igualmente espera por nosso apoio e cooperação.

Deus é a Sabedoria Infinita.

Guardas a inteligência capaz de discernir.

Deus é paz.

Consegues, em qualquer situação, colaborar claramente na edificação da concórdia.

Deus é Amor.

Podes ser, em todas as circunstâncias, uma parcela de bondade.

Deus é a Luz da Vida.

Seja qual seja o lance do caminho, conservas a prerrogativa de acender a chama da esperança.

Em Deus, todas as doenças se extinguem.

Em ti, a possibilidade de socorrer aos enfermos.

Em Deus, a força de sustentar a todos.

Em ti, os recursos de amparar alguns ou de ajudar em favor de alguém.

Em Deus, a alegria perfeita.

Em ti, o privilégio de sorrir, encorajando os outros.

Em Deus, a tolerância.

Em ti, o perdão.

Deus é a Providência da Humanidade.

Onde estiveres, podes ser, se o desejas, a bênção e o apoio na família ou no grupo de trabalho a que pertences.

Deus pode tudo.

Cada criatura pode algo.

Sempre que nos dirijamos a Deus, pedindo auxílio – e sempre solicitamos de Deus o auxílio máximo –, não nos esqueçamos, pelo menos, do mínimo de bem que todos nós podemos fazer.

Chico Xavier

4

Cantiga das palavras

Maria Dolores

Quando escutes na estrada, alma querida e boa,
A palavra que fira,
Recordando a pedrada que se atira
Quando alguém se conturba e amaldiçoa,
Coloca-te em lugar da pessoa acusada
E, se na luz da fé que te inspira e sustém
Nada possas fazer, não digas nada,
Nem censures ninguém.

Pelo caminho do cotidiano,
Quem se afeiçoa à queixa renitente
É igual a nós: um coração humano,
Às vezes enganado, outras vezes doente!...
Muita afeição que cai ou se arroja, de todo,
No azedume infeliz,
Não sabe que remexe uma furna de lodo,
Nem pondera o que diz...

Injúria, humilhação, sarcasmo, treva
Na comunicação verbal que te procura
São canais de mais dor, quando a dor se subleva
E cria delinquência, expiação, loucura!...
Ante as palavras rudes ou sombrias,
Considera, também, por outro lado,
De quanta compreensão precisarias
Se tivesses errado!...

Palavras de ferir, palavras de humilhar,
Mágoas de quem falhou, reclamações de alguém,
Violência, agressão, amargura, pesar,
Entrega tudo a Deus nas vibrações do bem!...
Nunca leves adiante a sombra que te prova;
Lembra a lição do Sol, sereno e superior,
Que, abrindo cada dia em luz de vida nova,
Tudo cobre de amor.

Chico Xavier

5
Conclusão da vida

Emmanuel

DIANTE DOS PROBLEMAS E OBSTÁCULOS DO cotidiano, convém estabelecer, de quando a quando pelo menos, ligeira pausa para pensar, de maneira a observarmos o rendimento das horas que a vida nos atribui, no território do tempo.

E se no curso de nossas reflexões ponderarmos:

no montante das bênçãos que temos recebido;

nas vantagens que usufruímos em confronto com as lutas e contratempos que assinalam milhares de irmãos na retaguarda;

nos resultados contraproducentes da irritação;

no caráter destrutivo de quaisquer manifestações de rebeldia ou azedume;

no lado escuro das reclamações;

no peso morto das aflições sem proveito;

nas calamidades da violência;

nos prejuízos do desânimo;

nas lições que podemos extrair das provas dignamente atravessadas;

na importância da indulgência;

nos donativos de calma e bondade que os outros aguardam de nós, a fim de consolidarem a própria segurança;

no poder da gentileza para construir a benemerência e o respeito em torno de nossa vida;

no alto significado da compreensão e da tolerância que nos decidamos a exercitar a benefício de nós mesmos;

e nos testemunhos de amor e cooperação de que

somos capazes para contribuir com os Mensageiros do Cristo na preservação da paz e do bem sobre a Terra;

decerto que, acima de quaisquer desgostos e insucessos, saberíamos colocar a luz da esperança com o privilégio do trabalho, sem nos afastarmos da paciência, hora alguma.

Chico Xavier

6
Itens da irritação

Emmanuel

ENQUANTO NO CLIMA DE SERENIDADE, CONSIderemos que a irritação não é recurso de auxílio, sejam quais sejam as circunstâncias.

O primeiro prejuízo que a intemperança mental nos impõe é aquele de afastar-nos a confiança dos outros.

A cólera é sempre sinal de doença ou de fraqueza.

As manifestações de violência podem estabelecer o regime do medo, ao redor de nós, mas não mudam o íntimo das pessoas.

Sempre que nos encolerizamos, complicamos os problemas que nos preocupam, ao invés de resolvê-los.

O azedume que venhamos a exteriorizar é, invariavelmente, a causa de numerosas perturbações para os entes queridos que pretendemos ajudar ou defender.

Caindo em fúria, adiamos comumente o apoio mais substancial daqueles companheiros que se propõem a prestar-nos auxílio.

A cólera é quase sempre a tomada de ligação para tramas obsessivas, das quais não nos será fácil a liberação precisa.

A aspereza no trato pessoal cria ressentimento, e o ressentimento é sempre fator de enfermidade e desequilíbrio.

Em qualquer assunto de apaziguamento e aprendizado, trabalho e influência, aquisição ou simpatia, irritar-se contra alguém ou contra alguma cousa será sempre o recesso inevitável de perder.

7
Ação e oração

Emmanuel

Sempre muito importante a oração por luz interior, no campo íntimo, clareando passos e decisões sem nos despreocuparmos, porém, da ação que lhe complemente o valor, nos domínios da realidade objetiva.

Pedirás a proteção de Deus para o doente; no entanto, não te esquecerás de estender-lhe os recursos com que Deus já enriqueceu a assistência humana, a fim de socorrê-lo.

Solicitarás o amparo da Providência Divina, a benefício do ente amado que se tresmalhou em desequilíbrio; todavia, não olvidarás apoiá-lo com segurança e bondade, na recuperação necessária, segundo os preceitos das ciências espirituais que a Divina Providência já te colocou ao dispor nos conhecimentos da Terra.

Rogarás ao Céu te liberte dos que te perseguem ou dos que ainda não se harmonizam contigo; entretanto, não lhes sonegarás tolerância e perdão, diante de quaisquer ofensas, conforme os ensinamentos de paz e restauração que o Céu já te deu, por intermédio de múltiplos Instrutores da Espiritualidade Maior, em serviço no mundo.

Suplicarás a intercessão dos Mensageiros da Vida Superior para que te desvencilhes de certas dificuldades materiais, diligenciando, porém, desenvolver todas as possibilidades ao teu alcance, pela obtenção de trabalho digno, que te assegure a superação dos obstáculos, na pauta das habilitações que os Mensageiros da Vida Superior já te ajudaram a adquirir.

Ação é serviço.

Oração é força.

Pela oração, a criatura se dirige, mais intensamente, ao Criador, procurando-Lhe apoio e bênção, e, através da ação, o Criador se faz mais presente na criatura, agindo com ela e em favor dela.

Chico Xavier

8

Vozes da vida

Maria Dolores

Ao homem que alegou perante os Céus
Que de nada dispunha para dar
Por sentir-se tão pobre quão sozinho,
O Senhor concedeu a bênção de escutar
As migalhas e cousas do caminho!...

Disse-lhe um pão largado a um canto da sacola:
– Dá-me a feliz esmola
De poder amparar!
Passaram hoje aqui dois pequenos sem nome...
Ah! Quanto desejei arredá-los da fome!...
Para ajudar, porém, necessito, primeiro,

De tuas mãos, meu nobre companheiro,
Porquanto, é lei de Deus, na exaltação do Bem,
Que pessoa nenhuma
Possa melhor servir sem apoio de alguém...

Uma rosa a entreabrir-se, acetinada e bela,
Exclamou da janela:
– O vento da manhã explicou-me que existe
Em vizinho hospital
Uma jovem doente abandonada e triste,
Desejando uma flor...
Quero sair daqui
Para ofertar-lhe ao peito uma nota de amor
Mas para realizar o sonho
Em que, pobre de forças, me agasalho,
Tentando transformar-me em fé, simpatia e trabalho,
Nada posso sem ti!...

Um bloco de papel atirado ao relento
Rogou, a sacudir-lhe o pensamento:
– Vem agora comigo,
O impulso de teu lápis não me cansa,
Anseio ser contigo
A carta mensageira de esperança!...

Antigo cobertor aposentado
Transmitiu-lhe um recado:
– O irmão enfermo, em frente, pede caridade,
Não me conserves sem utilidade...
Devo entregar-lhe a paz contra a guerra do frio,
Para isso, porém, neste culto de amor,
A fim de que eu lhe dê o amparo do calor,
Tanto ao catre vazio
Quanto ao corpo cansado de exaustão,
Não te dispenso a colaboração...

Pequenina moeda ergueu a voz
E falou-lhe do bolso em que jazia:
– Pobre mãe de criança semimorta
Veio hoje e pediu socorro à porta...
Leva-me a trabalhar.
Suplico a Deus para que alguém me aceite,
Preciso converter-me em xícara de leite
Que nutra, reconforte
E arranque essa criança ao domínio da morte!...

O homem renovado
Aguçou a atenção e escutou, mais além...
Sementes, frutos, fontes,
Os legumes do vale e as árvores dos montes...
Tudo era aceno e voz para o convite ao Bem!...
Integralmente transformado,
Ouvindo a Natureza, em derredor,
Viu-se rico e feliz, firme, grande, maior,
E exclamou para os Céus,
Em júbilo profundo:
– Obrigado, meu Deus,
O dom de trabalhar é o tesouro do mundo,
Ensina-me a servir,
Sê louvado, Senhor,
Na grandeza da vida e na bênção do Amor!...

9
Ideia dirigida

Emmanuel

OBSERVANDO AS CONQUISTAS DA CIVILIZAÇÃO, reflitamos nos poderes da ideia dirigida de que necessitamos no burilamento e ascensão do espírito.

Por séculos, o homem usou tugúrios de taipa por domicílio, todavia, submeteu-se à inspiração das Esferas Superiores e ergueu os parques residenciais que dignificam as cidades modernas; por milênios, viajou no dorso de animais de grande porte, no entanto, obedeceu aos impulsos determinados pelo progresso e aprimorou a maquinaria com que anula distâncias.

Pensa nos méritos da ideia dirigida de que não prescindimos no próprio aperfeiçoamento.

Se te acreditas doente, encaminha as forças da imaginação para que o reajuste, provendo o corpo com os recursos de proteção possíveis ao teu alcance, para que a ideia dirigida de saúde te mantenha o equilíbrio orgânico.

Se julgas reter o germe das moléstias que te marcaram os ascendentes, guia os desejos de renovação para nível mais alto, abraçando hábitos e ideais superiores às convicções e aos costumes em que se te acomodavam os avoengos, para que a ideia dirigida te garanta libertação.

Se te admites carregando incapacidade intelectual, conduze os anseios de conhecimento para a cultura, utilizando atenção e tempo disponíveis no estudo nobre para que a ideia dirigida te assegure os investimentos da educação.

Se te aceitas por vítima de infortúnio e abandono, orienta aspirações de felicidade para o trabalho e para a cooperação fraternal, esposando serviço e humildade por recomeço de aprendizado, para que a ideia dirigida te granjeie simpatia e reconforto.

A ideia dirigida é alicerce de qualquer organização; entretanto, como ocorre ao projeto de obra determinada, que exige material adequado para que se levante, a ideia dirigida não vale só por si. Para evidenciar-se, é indispensável conjugá-la ao suor da realização. Mesmo assim, urge compreender que, se pede a alavanca da vontade, a fim de fundamentar-se no bem, ligar-se ao bem, revestir-se do bem e sustentar-se no bem, reclama trabalho intenso de nossa parte para que se mantenha no melhor que possamos fazer. Porque, sendo a ideia dirigida uma construção da inteligência, a inteligência do mal age também com ela.

Chico Xavier

Porque qualquer que, pede, recebe;
e quem busca, acha.

Jesus

*A paz do mundo é dom de Deus,
começando por ti.*

Chico Xavier / Emmanuel

10
Poema da disciplina

Maria Dolores

Ao Homem Triste que se rebelara
Contra as imposições da disciplina
Deus permitiu que ele pudesse
Escutar, de surpresa,
As notas e lições da Natureza,
No âmbito de sala pequenina.
Contrariando as queixas que lhe ouvira,
Disse-lhe grande mesa:
– Eu fui, aos ares livres da floresta,
Um palácio vibrante em júbilos de festa,
Entre ninhos e pássaros cantores!
Que músicas de paz!... Que beleza de flores!...

Veio, porém, um dia,
Um homem de machado...
Decepou-me sem dó!...
E depois de entregar-me à serraria,
Onde amarguei desprezo, lama e pó,
Vendeu-me para outro companheiro...
Era um singelo carpinteiro
Que me malhou durante muitas horas,
Para que eu seja a mesa em que te escoras!...

O mármore do piso
Exclamou, de improviso:
– Adorava meu berço em formosa montanha!...
A minha independência era tamanha
Que não sei descrever!...
Descendente de lindas pedras raras,
Formamo-nos em séculos de luta...
Um homem, certa vez, descobriu-nos a gruta,
Separou-me dos meus,
À força me arrastou sobre os seus próprios passos,
Conduziu-me à oficina,
Fez-me em vários pedaços...

Depois disso, vim eu, de revés em revés,
Até fazer-me escravo e servir aos teus pés...

A lâmpada informou sem pretensão:
– A fim de combater a escuridão
E doar-me em vida e luz,
Sem o menor desvio,
É necessário que ame ajuste ao fio
Que me guarda e conduz!...

Um belo jarro à frente,
Esclareceu, humildemente:
– Fui um bloco de argila,
Sossegado e feliz numa gleba tranquila!...
Quando fazia sol
Adorava mirar as borboletas
E sentir os perfumes
De próximo jardim...
E, à noite, admirava os vaga-lumes
Que acendiam lanternas para mim...
No entanto, certa feita,
Valente caçador de barro fino

Arrancou-me do lar e mudou-me o destino...
A calor desumano, em fúria insana,
Que enlouquece e que arrasa,
Mumificou-me em fria porcelana
Para enfeitar-te a casa!...

Nisso, falou antiga porta:
– Nunca pude viver como quisera,
Devo permanecer em todo instante, à espera
De ordenações e impulsos que me dás...
A fim de resguardar-te os bens e garantir-te a paz,
Protegendo-te a vida,
Cabe-me obedecer e sempre obedecer
Para cumprir contigo o meu próprio dever!...

Houve silêncio e o Homem, transformado,
Fitou, lá fora, o chão recentemente arado,
Depois ergueu o olhar para os astros distantes
E exclamou para os Céus,
Em êxtase profundo:
– Sê bendito, Senhor,
Pela escola do Mundo!...

Tudo o que serve, apoia, aprimora e ilumina,

Tudo o que a evolução entesoura e contém,

Vejo agora na luz da disciplina!...

Ajuda-me a servir para o Infinito Bem!...

Valoriza, Senhor, os dias meus

E por tudo o que a vida me oferece

Seja no dom da fé por bênção que me aquece,

Ou na fonte do amor que me renova e ensina,

Obrigado, meu Deus!...

Chico Xavier

11

Resgate e renovação

Emmanuel

A REENCARNAÇÃO NÃO SERIA CAMINHADA RE-
dentora se já houvesse atendido a todas as exigências
do aprimoramento espiritual.

Enquanto na escola, somos chamados ao exercício das lições.

Ante a Lei do Renascimento, surpreenderás no
mundo dificuldades e lutas, espinhos e tentações.
Reencontrarás afetos que a união de milênios tornou
inesquecíveis, mas igualmente rentearão contigo velhos adversários, não mais armados pelos instrumen-
tos do ódio aberto, e sim, trajados noutra roupagem

física, devidamente acolhidos à tua convivência, dificultando-te os passos, através da aversão oculta.

Saberás o que seja tranquilidade por fora e angústia por dentro. Desfrutarás a amenidade do clima social que te envolve, com os mais elevados testemunhos de apreço, e respirarás, muitas vezes, no ambiente convulsionado de provações entre as paredes fechadas do reduto doméstico. Entenderás, porém, que somos trazidos a viver, uns à frente dos outros, para aprender a amar-nos reciprocamente como filhos de Deus.

Perceberás, pouco a pouco, segundo os princípios de causa e efeito, que as mãos que te apedrejam são aquelas mesmas que ensinaste a ferir o próximo, em outras eras, quando o clarão da verdade não te havia iluminado o discernimento, e reconhecerás nos lábios que te envenenam com apontamentos caluniosos aqueles mesmos que adestraste na injustiça, entre as sendas do passado, a fim de te auxiliarem no louvor à condenação.

Ergues-te hoje sobre a estima dos corações com

os quais te harmonizaste pelo dever nobremente cumprido; entretanto, sofres o retorno das crueldades que te caracterizavam em outras épocas por intermédio das ciladas e injúrias que te espezinham o coração.

Considera, porém, o apelo do amor a que somos convocados dia por dia e dissolve na fonte viva da compaixão o fel da revolta e a nuvem do mal. Aceita no educandário da reencarnação a trilha de acesso ao teu próprio ajustamento com a vida, amando, entendendo e servindo sempre.

Se alguém te não compreende, ama e abençoa. Se alguém te injuria, abençoa e ama ainda.

Seja qual seja o problema, nunca lhe conferirás solução justa se não te dispuseres a amar e abençoar. Onde estiveres, ama e abençoa sem restrições ante a consciência tranquila e conquistarás sem delongas o domínio do bem que vence todo mal.

Chico Xavier

12
Deus te faça feliz

Maria Dolores

Agradeço, alma irmã, todo o concurso
Com que me reconforta e garantes,
Fazendo-me canal mesmo singelo
De assistência e de alívio aos semelhantes!...

O prato generoso que me deste
Não foi somente auxílio à penúria pungente,
Fez-se clarão iluminando anseios,
Felicidade para muita gente.

A roupa usada com que me brindaste,
Além da utilidade em que se aprova,
Transfigurou-se em bênção de esperança
À busca de serviço e vida nova.

E leve cobertor que me entregaste
E parecia aos olhos simples pano,
Converteu-se em presença da fé viva
Entretecida de calor humano!...

Recursos vários que me ofereceste,
Muito mais que socorro à pessoa insegura,
Transformaram-se em festa de alegria
E retorno ao regaço da ventura.

Por tudo o que me dás em bondade e trabalho,
Repito-te no amor que a palavra não diz:
– "Pelo dom de servir nos bens com que me amparas,
Deus te guarde, alma irmã!... Deus te faça feliz!..."

13
Tudo

Tobias Barreto

Do átomo de lodo à estrela que fulgura
No azulado painel de láureas do Infinito,
Do ciciar do inseto ao cavernoso grito
Das forças do trovão que ribomba na altura...

Da luz viva do Sol à treva em noite escura,
Da pérola de orvalho ao bloco de granito,
Do côvado de terra ao espaço irrestrito,
Da brandura da fonte à rocha que a segura...

Da lesma atada ao barro aos pássaros na aurora,
Do coração que ri ao coração que chora,
Daquilo que se estima a qualquer ponto inverso...

Da ideia antiga e estreita à ideia nova e grande,
Da forma que regride à vida que se expande,
Tudo fala de Deus na pompa do Universo.

14

Mais com Jesus

Emmanuel

DESARRAZOADO EXIGIR DE QUALQUER DE NÓS transformações intempestivas.

Por mais formosas e edificantes as lições de aperfeiçoamento moral, é forçoso acomodar-nos com o espírito de sequência, na marcha do tempo, a fim de que nos afaçamos a elas, adaptando-nos gradativamente aos princípios que nos preceituem.

Ser-nos-á, porém, claramente possível melhorar-nos com mais urgência e segurança se adotarmos a prática de permanecer um tanto mais com Jesus, cada dia.

Problemas intrincados surgiram, concitando-nos a soluções inadiáveis.

Se estivermos de sentimento interligado um pouco mais com o Cristo, aprenderemos a ceder de nós, sem qualquer empeço, apagando as questões que nos induzam à perturbação e à discórdia.

Apareceram desacatos, impulsionando-nos ao revide.

Se os recebemos, um tanto mais com Jesus, em nossas atitudes e respostas, todas as expressões de desapreço serão dissolvidas nas fontes da compreensão e da tolerância.

Surpreendemos companheiros que se fazem difíceis.

Se lhes acolhemos os obstáculos, conservando as nossas diretrizes e providências, um tanto mais com Jesus, para breve se nos transfiguram em colaboradores valiosos, convertendo-se, por fim, em estandartes vivos de nossas ideias.

Encontramos desencantos nas trilhas da experiência.

Aceitando-os, no entanto, um tanto mais com

Jesus em nosso comportamento, para logo se transformam em lições e bênçãos que passamos a agradecer à Sabedoria da Vida.

Em casa, no grupo de trabalho, na vida social, na profissão, no ideal ou na vida pública, experimentemos sentir, pensar, falar e agir, um tanto mais com o Cristo, e observemos os resultados.

Pouco a pouco, percebemos que o Senhor não nos pede prodígios de transformação imediata ou espetáculos de grandeza, e sim, que nos apliquemos ao bem, de modo a caminhar com Ele, passo a passo, na edificação de nossa própria paz.

Não te atemorizem programas de reajuste, corrigenda, sublimação ou burilamento.

Ante as normas que nos indiquem elevação para a Vida Superior, recebamo-las respeitosamente, afeiçoando-nos a elas, seguindo adiante, na base do dever retamente executado e da consciência tranquila, pratiquemos a regra da ascensão espiritual segura e verdadeira: sempre um tanto menos com os nossos pontos de vista pessoais e, a cada dia que surja, sempre um tanto mais com Jesus.

Chico Xavier

15
Acorda e ajuda

Casimiro Cunha

Não olvides, cada hora
Na luz de Deus a buscar-te,
Que a nossa grande família
Luta e sofre em toda parte.

Isolamento e egoísmo
São meros caprichos vãos.
No Universo Ilimitado
Todos nós somos irmãos.

Respira ao sol da verdade.
Ilusão é sombra e pó.
Ontem, agora e amanhã
São frases de um tempo só.

Qual tronco que se equilibra
Fortemente enraizado,
Nosso presente obedece
À formação do passado.

Não te ensurdeças, portanto,
À voz do bem que te exorta.
Recebe fraternalmente
A dor que te bate à porta.

Mendigos que vês ao longe,
Chorando ao vento escarninho,
Já beberam, quase sempre
Na taça do teu caminho.

Velhos tristes sob a noite,
Em desencanto e doença,
Muitas vezes são credores
De tua afeição imensa.

Crianças ao desabrigo
Em pranto desolador,
Comumente foram rosas
E bênçãos de teu amor.

Amanhã despertarás
Nas luzes do Grande Além...
Consagra-te, desde agora,
Ao campo do Eterno Bem.

Descerra às chagas da vida
O templo do coração.
Os braços da caridade
São chaves de redenção.

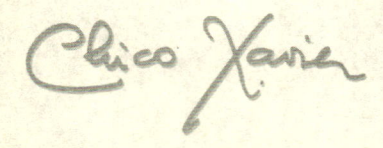

16
Confronto

Albino Teixeira

NOS TEMAS DO PLANO FÍSICO:
projeto que não se constrói;
Terra desempregada;
livro que ninguém lê;
receita escondida;
carro sem uso...
São valores potenciais, cuja significação desconhecemos.

Igualmente, nos assuntos do espírito:
amor sem demonstração;
fé sem obras;

instrução sem proveito;

ideal sem trabalho;

entusiasmo inerte...

Assemelham-se a aparelhos e máquinas de cultura e progresso, cuja importância ninguém sabe.

Estas imagens nos fazem reconhecer que sem a necessária aplicação nos acertos e desacertos, ilusões e desilusões, conquistas e fracassos do dia a dia, o conhecimento espírita não passa de sonho distante – mas muito distante – do campo inevitável da experiência.

17

Ferramentas de Deus

Maria Dolores

Desejavas, decerto, alma querida,
Que Deus te desse para a vida
Unicamente laços prediletos,
Os mais doces afetos
Que te consigam compreender.
Entretanto, cantando de esperança,
Recebes muitas vezes,
Por mecanismos sobrenaturais,
Muitos amados que se modificam
Enquanto o tempo avança,
Sejam eles o esposo, a esposa, o irmão, o amigo,
Parentes, companheiros, filhos, pais!...

Aqui, é um coração que resumia
Todos os teus projetos de ventura,
Que se te fez na luz do dia a dia
Um ponto inevitável de amargura.
Eis que encontras, ali, alguém que amaste
Por anjo de uma vida superior
E hoje se te surge
Por presença de dor.
Mais além, se destaca outra criatura
A quem te deste pelo afeto irmão
E agora te aparece por verdugo
Que te esquece a bondade e humilha o coração.
Entretanto, alma boa,
Serve mais, ama sempre, auxilia, perdoa...
Ternos amigos que se avinagraram!...
Temo-los onde vamos
A fim de aprimorar-nos,
Mesmo devagarinho...
São eles todos sempre
Ferramentas de Deus
Que nos aperfeiçoam em caminho.

Anota a vida, em torno:

A Natureza é um claro exemplo disso.

O espinho guarda a rosa, a rocha escora o vale.

O freio salva o carro ao contê-lo em serviço.

Um dia, entenderás, alma querida,

 Na luz do Mais Além,

Como é bom suportar quem nos despreze ou fira

Sem nunca desprezar ou ferir a ninguém.

Chico Xavier

18

No grande caminho

Emmanuel

NÃO DIGAS QUE OS OUTROS SÃO MAUS QUANDO todos os seres são bons para serem, um dia, perfeitamente bons.

Se já consegues doar algo de ti, procurando entesourar a bondade, não acuses aquele que acumula os bens da vida, crendo assim enriquecer-se para unicamente entregar, mais tarde, por mãos alheias, as vantagens que ajuntou.

A rigor, não existem espíritos absolutamente maus.

A vida nada cria para desequilíbrio ou delinquência.

A fonte é boa porque distribui generosamente os dons que lhe são próprios, entretanto, o solo não é mau porque prenda a fonte a si mesmo.

A andorinha é um poema de beleza, volitando na altura, todavia, o batráquio não pode ser interpretado por monstro porque esteja colado ao charco.

Não existe pomicultor capaz de condenar a planta recém-nata, na fraqueza em que se caracteriza, simplesmente porque a veja, assim débil, ao lado de árvore vigorosa em plena maturação. Protegerá uma e outra, considerando-lhes tempo e valor.

Assinala-se cada ser por determinada problemática na escala evolutiva.

Observando os princípios que regem a natureza, se alguém te injuria por não seres ainda um espírito tão bom quanto seria de desejar, não interrompas o trabalho a que te afeiçoas para te mostrares, no futuro, tão bom quanto precisas ser. Prossegue agindo e servindo, certificando-te de que ação e utilidade podem transformar qualquer deserto em jardim.

Não reclames contra ninguém quando surjam

aqueles que te não consigam compreender e procura compreender a quantos te reprovem.

Segue adiante, ama e abençoa, auxilia e constrói, que para isso todos fomos chamados a viver.

As diretrizes do entendimento e da misericórdia te facilitarão a romagem no dia a dia e o dever cumprido falará por ti ao silêncio.

A força do Universo que mantém a floresta é a mesma que vitaliza a semente diminuta.

Aprendamos a servir e a esperar, a fim de que os tesouros da evolução se nos revelem no grande caminho da imortalidade.

Toda criatura é um fruto divino na árvore da vida, mas todo fruto pede tempo, a fim de amadurecer.

Chico Xavier

19

Renovar e construir

Emmanuel

SENTIR É ESSENCIAL.

Não será, porém, apenas sentindo que materializaremos os próprios desejos.

Pensar é básico.

Mas não será exclusivamente pensando que abordaremos a realidade objetiva.

Falar é importante.

Contudo, não será unicamente falando que efetuaremos os encargos que nos competem.

Se conjugamos, entretanto, emoção, ideia e palavra no trabalho, teremos para breve chegado ao campo da experiência, aquele que nos habilitará em conhecimento e elevação para a Vida Superior.

Isso nos faz refletir quanto à renovação que esperamos de pessoas amadas. Quando não consigam corresponder-nos aos ideais de aperfeiçoamento e grandeza, não será lamentando-as, tão somente malsinando e reprovando-lhes as deficiências que suscitaremos a ascensão delas ao nível desejado.

O pomicultor trata a planta indicada à produção nobre com zeloso carinho.

O arquiteto concretiza o plano da construção com devotamento e vigilância.

Aquele coração ou aqueles corações mais profundamente ligados aos nossos são obras da imortalidade que fomos chamados pela Sabedoria da Vida a abençoar e burilar.

Se tens contigo alguém que anseias transformar para o bem, silencia qualquer lamentação e cala toda a crítica e, auxiliando quanto possas, ama sempre.

Indulgência é o clima da edificação e da paz.

Além disso, tão só pelo amor e pelo trabalho do amor ser-nos-á possível renovar e construir.

E, em qualquer casa onde entrardes, dizei primeiro: "Paz seja nesta casa".

Jesus

*Experimente a prece e o silêncio
em favor do equilíbrio e da paz.*

20
Conflito

Cornélio Pires

"Dai, meus irmãos! – pregava Nhô Cirino,
Na Roça do Tatu Caramundé – ,
Dai tudo o que tiverdes, dai até
Que tudo em vós se faça dom divino...

Demonstra a caridade tal qual é,
É preciso ajudar!... Nenhum ensino
A caridade é a luz de nossa fé,
A luz renovadora do destino!..."

Nisso, entra na sala o João Monteiro
E roga ao pregador algum dinheiro,
Quer curar as feridas que ele tem...

Cirino muda a voz e diz: "Cai fora!...
Isto aqui não te cabe, vai-te embora,
Não sou burro de carga de ninguém..."

21

Indulgência ainda

Emmanuel

A INDULGÊNCIA NÃO É APENAS CARIDADE PARA com os outros.

Erige-se igualmente como sendo processo de nos imunizarmos contra o impacto de vibrações destrutivas. Por isto mesmo, o tato deve estar conosco, à feição de *porta-verdade,* a fim de que os nossos pensamentos não venham a ferir os outros, tornando de outros para nós, de maneira a ferir-nos.

Assim nos expressamos porque a ideia em si é fonte de força em que a palavra se articula.

Aprendamos, ainda e sempre, a empregar a indulgência construtivamente, em se tratando das pessoas.

Quando esse companheiro ou aquela companheira se mostrarem autoritários, de modo excessivo, mentalizemo-los por irmãos responsáveis e confiantes; surgindo os que se nos afigurem vagarosos, na execução das tarefas que lhes caibam, imaginemo-los por meticulosos e tímidos, nunca por preguiçosos ou lerdos; se aparecem por figurinos de avareza e se chamados a exprimir-nos, quanto a eles, interprete-mo-los por amigos da poupança e não da sovinice; quando se revelarem portadores de opiniões demasiado francas, aceitemo-los por amigos sinceros, mas não imprudentes; em se evidenciando facilmente irritáveis, vejamo-los por temperamentos emotivos e não por pessoas aborrecidas ou intolerantes; e quando se nos destaquem aos olhos por irmãos indecisos ou amorfos, saibamos classificá-los por amigos cautelosos e moderados.

Indubitavelmente os pensamentos e as palavras, na expressão simbólica, são cores e tintas com que nos será lícito expressar a própria conceituação de acontecimentos determinados, no entanto, em se tratando de criaturas sensíveis quanto nós, sejamos observadores das ocorrências e irmãos das pessoas, a fim de auxiliá-las para que igualmente nos auxiliem.

Busquemos sentir e pensar, agir e realizar no bem e saberemos sempre sacar do coração e do cérebro a boa palavra capaz de compreender e de amparar, orientar e servir.

Chico Xavier

22

Dever de servir

Emmanuel

EM MATÉRIA DE BENEFICÊNCIA, TODOS ESTAmos na obrigação de doar algo de nós à vida que nos cerca.

E isso não sucede tão somente a nós, as criaturas que atingimos a razão, mas igualmente a todos os seres.

Minerais fornecem agentes químicos.

Vegetais distribuem utilidades múltiplas.

No reino animal, milhões de vidas trabalham e se sacrificam a benefício do homem: camelos que o transportam, ovelhas que o vestem, cães que o auxiliam e bovinos que o alimentam.

Todos nos achamos convocados a entregar a nossa cooperação pelo bem geral.

Acontece, no entanto, que na criatura humana, o discernimento conquistado cria o problema da livre aceitação do dever de servir.

Todos nos reconhecemos indicados para oferecer o melhor de nós para que apareça o melhor dos outros em auxílio de todos.

Desfrutando, porém, do atributo divino de contribuir conscientemente na Criação Universal e não constando a violência da Obra de Deus, o homem, muitas vezes, quando se vê compelido pelas forças da vida a fazer o melhor de si a benefício do progresso comum, oferece ingredientes negativos à engrenagem do destino, que ele próprio se incumbe de suprimir depois do erro cometido, despendendo tempo e força para reajustar o que ele mesmo desequilibrou.

Consideremos a nossa parcela de trabalho na economia da existência.

Importa observar, entretanto, que qualidade de colaboração doamos de nós e o modo pelo qual entregamos a quota de serviço ao mundo, junto às pessoas e ocorrências que nos cercam, porque embora sejamos livres no espírito e responsáveis na ação, todos, na essência, somos canais vivos de Deus.

Chico Xavier

23

Autodefesa

Emmanuel

DESDE ÉPOCAS IMEMORIAIS, O HOMEM IMAGI-
na e constrói recursos de autoproteção e defesa, sem
que lhe possamos desconsiderar as razões para isso.

O recinto emparedado que lhe serve de moradia
não é somente o refúgio em que delibera viver no regime de comunhão familiar, mas se lhe erige também
como sendo o processo de livrar-se da intempérie.

O cofre é o recipiente que lhe segrega os bens
contra possíveis assaltos, no entanto, é igualmente
o vaso que lhe garante instruções e documentários
contra incêndios.

A fim de preservar-se e preservar valores e propriedades sobre os quais convenciona a riqueza externa, inventa fechaduras, cadeados, ferrolhos, trancas, armas, trincheiras, muralhas e alçapões. Realiza mais ainda: vacina-se contra as moléstias contagiosas; estabelece apoio ao comércio e protege-se contra a fome; cria meios de intercâmbio e extingue a solidão.

Para todos os males suscetíveis de afligi-lo no campo exterior da existência, elege recursos defensivos claramente justificáveis no tocante aos domínios da vigilância e da prudência com que lhe cabe agir e discernir, entretanto, para a insegurança e para o medo, antigos adversários que lhe dilapidam o equilíbrio e a vida e tantas vezes o arrastam a suicídio e loucura, não encontra estabelecimentos ou medidas terrestres com os quais se municie contra eles.

De modo a forrar-nos contra semelhantes flagelos, só existe um recurso: confiarmo-nos a Deus, cujas leis nos presidem as horas.

Nos momentos de crise, provação, angústia ou desencanto, cumpre os deveres que as circunstâncias te reservam e jamais desesperes.

Lembra-te de que não há noite na Terra que não se dissolva no clarão solar.

Nos instantes amargos, descansa o coração e o cérebro em Deus, cuja misericórdia e justiça nos acompanham os dias, e Deus te resguardará.

Chico Xavier

24
Sublimação

Silva Ramos

Festa... Fulge o solar... Um jovem tange a lira,
Desfere uma canção de dolorosa espera...
E Joana, a castelã, que no amor se lhe dera,
Surge, escarnece dele e por outro suspira.

Mata-se o pobre moço ante a moça insincera.
Ele sofre no Além, ela esquece, delira,
E a iludir-se e enganar, de mentira em mentira,
Um dia encontra a morte e a vida se lhe altera...

Encontrando na treva o companheiro em prova,
Aflita, a castelã quis dar-lhe vida nova
E fez-se humilde mãe, sem proteção, sem brilho...

Hoje carrega ao peito um filho cego e louco,
Arrasta-se, padece e morre, pouco a pouco,
Mas repete feliz: "Ah! meu filho!... Meu filho!..."

25

Egoísmo

Emmanuel

HERANÇA EVIDENTE DE NOSSA ANTIGA ANIMA-
lidade, por toda parte, ainda vemos o egoísmo a re-
pontar em toda a extensão do mundo...

O egoísmo!...

Em família, é o exclusivismo do sangue.

No lar, é o narcisismo doméstico.

Na oficina de trabalho, é o despeito.

Na propriedade transitória, é a ambição de pos-
se desnecessária.

Na cultura da inteligência, é a vaidade intelectual.

Na ignorância, é a agressividade.

Na riqueza amoedada, é o espírito de usura.

Na pobreza, é a inveja destrutiva.

Na madureza, é o azedume.

Na mocidade, é a ingratidão

No ateísmo, é a impiedade.

Na fé religiosa, é a intolerância.

Na alegria, é o excesso.

Na tristeza, é o isolamento.

Nos fortes, é a tirania.

Nos fracos, é a astúcia.

Na afetividade, é o ciúme.

Na dor, é o desespero.

No mimetismo que lhe é próprio, usa em todos os setores as mais diversas máscaras e, qual o joio que abafa o trigo, comparece igualmente nos corações que a luz já felicite, em forma de cólera e irritação, desânimo e secura...

Se desejamos dar combate à praga do egoísmo na gleba da alma, saibamos estender, cada dia, as nossas disposições de mais amplo serviço ao próximo, e, aprendendo a ceder de nós mesmos, entre a humildade e o sacrifício, no bem de todos, conquistaremos com o Cristo a plenitude do amor que lhe converteu a própria cruz em ressurreição para a Vida Eterna.

Chico Xavier

26
Indicações

Souza Lobo

Depois do prazer, a dor,
Depois da dor, o prazer.
Por estas regras da vida,
É que se aprende a viver.

Lição da Sabedoria,
Em qualquer tempo e lugar:
Coração que não perdoa
Está mais perto de errar.

Trabalha sempre. Não vivas
De espírito desatento.
A folha solta no ar
Segue os caprichos do vento.

Qualquer pessoa vê fatos,
Julgando, a senso comum,
No entanto, só Deus enxerga
Por dentro de cada um.

Ilusão – mel em vinagre –
Remédio que o Céu nos fez
Para que a gente na Terra
Não morra de uma só vez.

27

Junto de nós

Emmanuel

COM REFERÊNCIA AOS DEVERES DO CORAÇÃO, nos caminhos da existência, não é preciso indagues quanto aos desígnios do Senhor, em relação a ti mesmo.

Observa em derredor e perceberás.

Aqueles que se localizam, perto de nós, simbolizam páginas vivas em que nos compete gravar as soluções devidas aos problemas que nos são propostos pela Providência Divina. E, ainda para com eles e juntos deles, é que devemos executar as tarefas que nos foram assinaladas pela Espiritualidade Superior.

Em extensa maioria, todos nós, os espíritos vinculados aos processos evolutivos da Terra, estamos carregando ainda pesada carga de imperfeições, com muitas dívidas e nos marcarem a consciência. E os corações que pulsam com os nossos, nas mesmas faixas de ideal e trabalho, é que dirão com acerto de nossas decisões na melhoria própria, verificando as parcelas de resgate ou de agravo em nosso livro de crédito e débito, ante a Contabilidade da Vida.

Expenderemos conceitos vários, com respeito às ocorrências do cotidiano, entretanto, é o círculo de nossas relações mais íntimas a forja de aperfeiçoamento que revelará com segurança quais são os ingredientes que estamos colocando na composição dos fatos do dia a dia.

Familiares e amigos, superiores e subalternos, companheiros e colegas que nos usufruem a convivência são, a rigor, as autoridades que nos conferirão nota justa no caderno de lições que a vida nos confia a cada um, com o objetivo de garantir-nos progresso e promoção na Faculdade da Experiência.

Aqui, aparece quem te exige testemunhos de

tolerância; ali, alguém te oferece desafios à prática da humildade; além, outros te examinam a capacidade de sacrifício e, mais adiante, ainda surgem aqueles que te impõem testes de amor, aferindo-te o grau de compreensão.

Doemos a quantos se situam, perto de nós, a tradução viva dos princípios superiores que esposamos por diretrizes.

Recordemos o antigo axioma que nos ensina a cumprir os pequeninos deveres como se fossem grandes, para que venhamos a desempenhar os grandes deveres como se fossem pequeninos.

Estamos convencidos de que entre as paredes domésticas e em nosso grupo mais íntimo de trabalho é que a sabedoria da vida nos prepara e habilita, a fim de servirmos valorosamente, nas grandes causas da Humanidade em que se levantarão as colunas que todos aguardamos para a sustentação do Mundo Melhor.

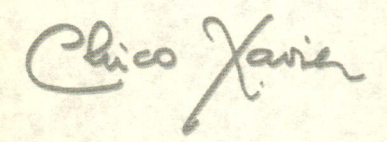

28
Respostas

Casimiro Cunha

Nos problemas que carregas
Queres saber como agir...
Anelas libertação...
Que fazer? Torna a servir.

Sofreste... Anseias agora
Adivinhar o porvir...
Como achar felicidade?
Atende. Torna a servir.

Erraste... Lutas na sombra...
Desejas não mais cair...
Onde a escora que te guarde?
Trabalha. Torna a servir.

Estragaste os próprios sonhos
Que procuras corrigir...
Qual o caminho mais certo?
O melhor: torna a servir.

Excesso de ocupações...
Novo dever a cumprir...
Compromissos mais pesados,
Não fujas... Torna a servir.

Em qualquer dor, se indagasses
Do Senhor como sair
Jesus diria decerto:
Não temas, torna a servir.

29
Pés e paz

Emmanuel

EXPRESSIVA A DECISÃO DE JESUS, LAVANDO OS pés dos discípulos.

Recordemos que o Senhor não opera a ablução da cabeça que pensa, vê e ouve, traduzindo o sentimento com os dons divinos da reflexão e com as faculdades superiores da palavra, nem lhes alimpa as mãos que trazem consigo a excelência dos recursos tácteis para a glorificação do trabalho e a muda linguagem dos gestos, que exprimem afetividade e consolação.

Lava-lhes simplesmente os pés, base de sustentação do corpo e implementos da criatura física que entram em contato com a lama e o pó da Terra, padecendo espinheiros e charcos. E purifica-lhes semelhantes apêndices, necessários à vida humana, sem reproche e sem queixa.

Lembremo-nos, pois, do ensinamento sublime e lavemos os pés uns dos outros, com a bênção da humildade, no silêncio do amor puro que tudo compreende, tudo suporta, tudo santifica e tudo crê, porquanto apenas tolerando e entendendo a poeira e o lodo que ainda repontem dos caminhos alheios, é que redimiremos os nossos, atingindo a verdadeira paz.

Bem-aventurados os pacificadores,
porque eles serão chamados
filhos de Deus.

Jesus

"

Nunca nos arrependeremos:
De entregar à Bondade de Deus as
aflições e problemas que estejam fora
da nossa capacidade de solução.

Chico Xavier / Albino Teixeira

"

30
Dores-estímulos

Emmanuel

NÃO DIGAS QUE TODA A PROBLEMÁTICA DO sofrimento se vincula exclusivamente ao resgate correspondente a erros cometidos.

Onde colocaríamos o amor e o trabalho no dogmatismo de semelhante afirmação?

A própria Natureza nos ensina, em silêncio, ofertando-nos soluções claras e simples ao desafio.

A pedra burilada interpretaria o martelo como sendo um perseguidor, entretanto, o martelo nada mais faz que alçá-la ao apreço das multidões.

A árvore nobre identificaria o machado que a

derrubou por instrumento de tortura, no entanto, o machado apenas requisitou-a para serviço respeitável na residência do homem.

Observa o aluno, muitas vezes, em ásperas regras de estudo, sem o que não conseguiria o título profissional que demanda.

Reflete no bisturi manejado por mãos hábeis, ao rasgar os tecidos do paciente para restituir-lhe a saúde.

Ponderemos tudo isso, acolhendo as disciplinas da estrada com serenidade e proveito.

Sem dor não teríamos avisos edificantes, e sem obstáculos ninguém adquire experiência.

Indiscutivelmente, existem os quadros de expiação que nós mesmos criamos e que nos cabe aceitar com gratidão e respeito em nosso próprio auxílio.

Importa considerar, porém, que a vida está matizada de dores-estímulos, sem o concurso das quais não entenderíamos a própria vida.

À vista disso, na maioria das circunstâncias, a

provação é exercício de resistência, tanto quanto a dificuldade é medida de fé.

Perante o sofrimento, não te abatas nem esmoreças, e sim, procura a mensagem construtiva de que todo sofrimento é portador.

Nas horas de aguaceiro, mentaliza os frutos que virão.

Quando a noite envolva a paisagem, pensa nas maravilhas do alvorecer.

Chico Xavier

31

Página de amor

Emmanuel

AMAR AINDA E SEMPRE PARA NÓS TODOS, os obreiros da Terra, é incessante desafio. Isso porque amar é dar-se, no que possuamos ou sejamos de melhor.

A beneficência é a preciosa iniciação. Entregamos o que nos sobre em reconforto e, ao adiantar-nos em sentimento, dividimos com os outros aquilo que se nos faça necessário, até mesmo em nos referindo aos recursos primários que se nos mostram indispensáveis à vida.

Surge, porém, para cada um de nós o momento

de dar-se. Dar-se nos mais íntimos pontos de vista. Doar-se em bondade e desprendimento, compreensão e renúncia sem nada pedir em troca. Abençoar a felicidade da pessoa ou das pessoas a quem mais amamos, mesmo quando a felicidade delas não se padronize pelos modelos em que se nos configura a alegria.

Se erguidos à semelhante prova, recusamos sofrimento e mudança, conformidade e reajuste, exigindo algo em nosso favor, efetivamente não estaremos amando ou então amando muito imperfeitamente ainda. Mas se aceitamos amar como se deve amar, surpreendemos a fonte da paz no imo do nosso próprio espírito, porquanto libertando e amparando aos outros, simultaneamente estaremos amparando e libertando a nós mesmos.

O amor imaginário, a basear-se no egoísmo, cria desilusão e enfermidade, desequilíbrio e morte.

O amor autêntico, no entanto, dando o melhor de si sem cogitar de si, gera grandeza e paz, aperfeiçoamento e alegria. Isso acontece porque, toda vez que amamos particularmente a alguém que se encontra muito longe de responder-nos com qualquer migalha de compreensão e de afeto, elevamo-nos ao amor de Cristo, que nos ama sem que realmente o amemos ainda, reconhecendo, por fim, que esse alguém, refratário ao nosso amor, é, tanto quanto nós, um ser de origem divina, profundamente amado e constantemente sustentado por Deus.

Chico Xavier

32

Em matéria de fé

Emmanuel

CONSERVARÁS A FÉ.

Aprenderás com ela a entoar louvores pelas bênçãos do Pai Supremo, manifestando a gratidão que te nasça do espírito. Entretanto, acima de tudo, toma-la-ás para guia seguro no caminho das provas regeneradoras da Terra, para que atendas dignamente aos desígnios do Senhor, na execução das tarefas que a vida te reservou.

Cultivarás a fé.

Encontrarás nela recursos de base que te endossem as súplicas endereçadas à Providência Divina.

Aplicar-te-ás, todavia, a empregá-la por sustentáculo de tuas forças, no dever a cumprir, a fim de que não desapontes o Plano Superior, na cooperação que o Mundo Espiritual te pede, a benefício dos outros.

Falarás da fé.

Guardar-lhe-ás o clarão na concha dos lábios, suscitando segurança e paz naqueles que te ouçam. Descobrirás nela, porém, a escora precisa, para que não desfaleças nos testemunhos de abnegação que o mundo espera de ti, procurando sorrir ao invés de chorar, nos dias de sofrimento e provação, quando as notas de entusiasmo tantas vezes te esmorecem na boca.

Respeitarás a fé.

Reconhecerás nela o traço dominante dos grandes espíritos que veneramos na categoria de heróis e gigantes da virtude, transformados em balizas de luz, nas trilhas da Humanidade.

Observarás, contudo, que ela é igualmente um tesouro de energias à tua disposição, na experiência cotidiana, conferindo-lhe a capacidade de realizar prodígios de amor, a começarem da esfera íntima ou do âmago de tua própria casa.

Paulo de Tarso afirmou que o homem se salvará pela fé, mas, indubitavelmente, não se reportava a convicções e palavras estéreis. Decerto que o amigo da gentilidade queria dizer que o espírito humano se aperfeiçoará e regenerará, usando confiança positiva em Deus e em si mesmo, na construção do bem comum. Fé metamorfoseada em boas obras, traduzida em serviço e erguida ao alto nível dos ensinamentos que exponha, nos domínios da atividade e da realização. Tanto é verdade semelhante assertiva, que o apóstolo se referia à fé por recurso dinâmico, no campo individual, para a edificação do Reino Divino, que ele próprio nos asseverou, convincente, no versículo 22 do capítulo 14 de sua Epístola aos Romanos:

"Se tens fé, tem-na em ti mesmo, perante Deus."

Chico Xavier

33
Trabalho Divino

Maria Dolores

Escuta, alma querida e boa,
Perante as aflições que te espanquem a vida,
Na prova que atordoa,
Há sofrimento, lágrima e tumulto,
Embora tolerando o impacto das trevas,
Busca enxergar o mecanismo oculto
Das tarefas de amor e redenção que levas!...

Deus clareia a razão
Aqui, ali, além,
Para que o nosso próprio coração
Revele por si mesmo a lei do bem...

Tens para dar, conheces para ver
E para dar e ver já podes discernir...
Eis a missão que trazes por dever:
Trabalhar, compreender, elevar, construir!...

Tudo o que existe e vibra
Entre as forças do mundo,
Tem no próprio destino o dom profundo
De ajudar e servir!...

O Sol gasta-se em luz a entregar-se de todo
E tanto ampara aos Céus quanto às furnas de lodo...
O jardim despojado a refazer-se espera
Para dar-se de novo em nova primavera...
Toda árvore esquece o que sofre do homem
E apoia sem cessar aqueles que a consomem!...
Olha o minério arrebatado ao solo,
Sem possibilidades de regresso.
Padece fogo ardente
A fim de assegurar constantemente
O esplendor do progresso.

Já consegues pensar que qualquer flor que apanhas,
A mais singela e a mais descolorida,
É um sonho que arrancaste à Natureza
Para adornar-te a vida?
Que modelas a enxada
E golpeias o chão,
Para que o chão te guarde a sementeira
E te forneça o pão?

Assim também por onde vás,
Ante assaltos, tragédias, ironias,
Tribulação ou desengano,
Quando as estradas do cotidiano
Surjam mais espinhosas ou sombrias,
Nada reclames, serve.
E nem reproves, ama!
Em toda parte a vida te reclama
Tolerância, alegria, esperança e bondade,
Inda que a dor te fira ou arrase os sonhos teus,
Porque o Céu te entregou a liberdade
De servir e elevar a Humanidade
Por trabalho de Deus.

Chico Xavier

34
Lembrete espírita

Albino Teixeira

NUNCA NOS ARREPENDEREMOS:

de ceder em questões sem valor essencial;

de guardar paciência em quaisquer lances difíceis;

de usar indulgência para com as faltas do próximo, entendendo que todos temos erros a corrigir;

de ouvir atenciosamente, seja a quem for;

de reconhecer que o nosso pensamento ou cultura tem as suas limitações;

de observar que o nosso tipo de felicidade nem

sempre é o tipo de felicidade das pessoas que amamos, competindo-nos, por isso, acatá-las como são, assim como desejamos ser respeitados como somos;

de admitir que os outros não são obrigados a pensar com a nossa cabeça;

de não agir contra a própria consciência, seja antes, durante ou depois das experiências que consideramos menos felizes;

de entregar à Bondade de Deus as aflições e problemas que estejam fora da nossa capacidade de solução;

de servir sempre.

35

Sinônimos espíritas

Albino Teixeira

AMOR – PRESENÇA DIVINA.
Caridade – apoio a si mesmo.
Estudo – discernimento.
Trabalho – defesa.
Progresso – renovação.
Ignorância – treva.
Serviço – merecimento.
Perdão – liberdade.
Ofensa – prisão.
Culpa – desarmonia.
Sofrimento – reajuste.
Equilíbrio – saúde.

Ressentimento – enfermidade.

Ódio – veneno.

Êxito – esforço constante.

Dever – rumo certo.

Felicidade – paz de consciência.

Constância – garantia.

Conhecimento – responsabilidade.

Prosápia – tolice.

Orgulho – queda.

Humildade – ascensão.

36

Lembranças de paz

André Luiz

RECONHECER – MAS RECONHECER MESMO – que trabalhando e servindo estamos, acima de tudo, cooperando em favor de nós próprios.

Perseverança no trabalho de execução dos compromissos que assumimos significa noventa por cem na soma do êxito.

Não desestimar a importância e o valor de pessoa alguma.

Nos instantes de crise, usar o silêncio ao invés do azedume.

Zangar-se alguém será sempre dilapidar a própria tarefa.

Perdão para as faltas alheias é a melhor forma de alcançar a desculpa dos outros em nossos próprios erros.

Observar o sinal vermelho para o mal no trânsito das palavras.

Um gesto de simpatia ou gentileza pode ser a chave para a solução de muitos problemas.

Perfeitamente possível administrar a verdade sem ferir, desde que esteja no bálsamo da bondade ou no veículo da esperança.

Nunca nos esquecermos de que a paciência favorece o socorro de Deus.

37

Lei da vida

Maria Dolores

Indagas, muita vez, alma querida e boa,
Como recuperar a fé perdida,
Quando alguém te vergasta o coração e a vida,
A ofender e ferir, espancar e humilhar...
Sai de ti mesmo e fita o mundo em torno,
Todas as forças lutam, entretanto,
A Natureza pede em cada canto:
Renovar, renovar...

A noite envolve a Terra em longa faixa,
Mas a Terra em silêncio espera o dia
E o Sol dissipa a névoa espessa e fria,
Simplesmente a brilhar...
Alteia-se a manhã, o trabalho enxameia...
Do pó ao firmamento em novo brilho,
Ouve-se, em toda parte, o sagrado estribilho:
Renovar, renovar...

A semente lançada ao barro agreste
Sofre o assalto do lodo que a devora,
Mas o embrião resiste, luta e aflora,
No anseio de ser pão e alegria no lar...
A princípio, é um rebento pobre e frágil,
Tolera praga e temporal violento,
Faz-se árvore linda e canta entre as notas do vento:
Renovar, renovar...

Arrebatada a pedra ao chão da furna
Quer descanso, sem garbos de obra-prima,
Contudo, o artista chega, corta e lima
A brumir e a sonhar...
Ei-la que escala os topos da escultura
E, estátua em que se estampa a essência da beleza,
Diz à vida que a busca, encantada e surpresa:
Renovar, renovar...

Assim também, alma querida e boa,
Se alguém te impôs olvido, abandono e amargura,
Segue, serve e perdoa o golpe que te apura,
Esquecendo o desprezo e procurando amar...
E ouvirás claramente, entre ascensões mais belas,
Ante a fé no porvir luminoso e risonho,
A própria voz do Céu, ao restaurar-te o sonho:
Renovar, renovar...

Chico Xavier

38

Amor sempre

Emmanuel

QUE FAREMOS DA CARIDADE, QUANDO TODAS as questões econômicas forem resolvidas?

Esta é a indagação que assinalamos, todos nós, muitas vezes.

Muitos acreditam que a solução de semelhantes problemas autorizaria a demissão da sublime virtude das empresas e encargos pelos quais se responsabiliza ela no mundo.

Entretanto, a cooperação do dinheiro, sempre indispensável no sustento das boas obras, é apenas um ângulo da beneficência na Terra.

A mais alta percentagem dos nossos companheiros menos felizes não se encontra nos vales da penúria de ordem material.

Pergunte-se aos povos mais industrializados e mais ricos na cultura da inteligência se conseguiram unicamente com isso erguer a felicidade integral de seus filhos.

Consulte-se-lhes as estatísticas de suicídio e loucura, na maioria dos casos com vinculação na patologia da alma, e em todos os recantos do Orbe Terrestre indaguemos das classes situadas na frente do conforto e da instrução universitária se com esses tesouros – aliás necessários e legítimos para todos os filhos da Terra – lograram consolidar a segurança e a paz de que se reconhecem carecedores.

Ouçamos os companheiros relegados à solidão em refúgios dourados; os que a desilusão alcançou, estirando-os em desânimo, apesar das alavancas amoedadas que lhes sustentam a vida; os quase loucos de sofrimento moral, diante de provas ou doenças irreversíveis; as criaturas geniais que não puderam aguentar as dificuldades educativas, indispensáveis ao burilamento do Espírito, e derivaram para os tóxicos que lhes consomem as forças; os que foram abafados pela superproteção no campo do excesso e não mais souberam suportar os problemas da estrada evolutiva; e aqueles outros, semimortos de angústia, que tateiam a lousa indagando pelos entes queridos e que dariam, de pronto, a fortuna em que se lhes valoriza a existência em troca de fé na imortalidade.

Anotemos os irmãos caídos em desprezo, abandono, desequilíbrio, enfermidade, desalento ou perturbação e, embora louvando o apostolado bendito do dinheiro, a serviço do bem, verificaremos que a caridade em si é sempre amor e que a missão do amor, em todos os mundos e em todas as circunstâncias, é tão infinita, quanto infinita em tudo e com todos, é a Bondade de Deus.

Chico Xavier

39

Tesouro de Luz

Emmanuel

NEM SEMPRE DISPORÁS DA FINANÇA PRECISA para solver problemas ou extinguir aflições. Ninguém está impedido, entretanto, de acumular o tesouro de luz da esperança no próprio coração. Ninguém que não possa engajar-se nessa empresa de investimentos divinos. Todos necessitamos de semelhante apoio para viver e todos nos achamos habilitados a ministrá-los, a fim de que os outros vivam.

Julgamos frequentemente que a esperança seria providência apenas em auxílio dos últimos na retaguarda humana. No entanto, não é assim. As vítimas de frustração, tristeza, desequilíbrio ou desalento estão em todos os lugares.

Arma-te de compreensão e bondade para esparzir esse recurso de refazimento e renovação. Para isso, comecemos por omitir pessimismo e perturbação em todas as manifestações que nos digam respeito.

Os necessitados dessa luminosa moeda, a expressar-se por bênção de energia, se te revelam em todos os lances da experiência comum.

Emergem dos vales de penúria, onde podes estendê-lo em forma de socorro assistencial; entretanto, surgem muito mais do próprio campo de ação em que transitas e das cúpulas da organização social em que vives.

Doarás a todos os aflitos que te procurem semelhante amparo, a fim de que a força de realizar e de construir não se lhes esmoreça na vida.

Falarás de coragem aos que se fixaram no medo de servir, de perdão aos que se imobilizaram no ressentimento, de confiança aos tristes, de perseverança aos fracos, de paz aos que tombaram na discórdia e de amor aos que se reconheceram atirados à solidão.

Nem sempre lograrás ajudar com possibilidades monetárias – repitamos – mas, raciocinando com a bênção da caridade, podes ainda hoje entrar nas funções de poderosa usina distribuidora de otimismo e de fé. Não percas o ensejo de investir felicidade com esse tesouro de luz e amor porquanto, em verdade, onde não mais exista esperança, desaparece o endereço da paz.

Chico Xavier

40

Nossa prece

Maria Dolores

Ampara-nos, Senhor,
Este repouso de amor
Em que a paz nos descansa
Porto, refúgio, lar
Em que podemos cultivar
As bênçãos da esperança.

Perante a caridade por dever,
Faze-nos perceber
Que nesta casa em que nos aconchegas,
A todos nos entregas
A bendita oficina
Que nos renove a fé na Bondade Divina.

De rotina em rotina
E surpresa em surpresa,
Deixa-nos discernir
Que, em contemplando a própria Natureza,
Da rocha mais hostil ao solo mais fecundo,
Tudo é auxílio na lei
Se te atende na estrada ao lema de servir.

Tudo é auxílio na lei
Do firmamento ao chão...
Serve o Sol, serve o mar sem derramar-se em vão,
O tronco não devora os frutos que oferece,
A fonte ajuda e passa em sussurros de prece,
O vento ampara a flor, a flor perfuma a vida,
Faz-se pão e celeiro a semente esquecida...

Ajuda-nos, Senhor, a repartir o bem
Sem traçar condições, sem perguntar a quem.

Aspiramos a ser contigo, dia a dia
Bálsamo, reconforto, união, alegria,
Agasalho do templo e coração da escola,
O prato que alimenta e o verbo que consola...
Concede-nos o dom de cooperar contigo,
Trabalhar e seguir pelo teu braço amigo.
Tanto à luz do porvir quanto na luz de agora,
Faze, por fim, Senhor,
Que a nossa casa seja, hora por hora,
Um caminho de fé para o Reino do Amor.

A minha paz vos dou

Jesus

IDE | CONHECIMENTO E EDUCAÇÃO ESPÍRITA

No ano de 1963, Francisco Cândido Xavier ofereceu a um grupo de voluntários o entusiasmo e a tarefa de fundarem um periódico para divulgação do Espiritismo. Nascia, então, o Instituto de Difusão Espírita - IDE, cujos nome e sigla foram também sugeridos por ele.

Assim, com a ajuda de muitas pessoas e da espiritualidade, o Instituto de Difusão Espírita se tornou uma entidade de utilidade pública, assistencial e sem fins lucrativos, fiel à sua finalidade de divulgar a Doutrina Espírita, por meio de livros, estudos e auxílio (material e espiritual).

Tendo como foco principal as obras básicas de Allan Kardec, a preços populares, a IDE Editora possui cerca de 300 títulos, muitos psicografados por Chico Xavier, divulgando-os em todo o Brasil e em várias partes do mundo.

Além da editora, o Instituto de Difusão Espírita também se desenvolveu em outras frentes de trabalho, tanto voltadas à assistência e promoção social, como o acolhimento de pessoas em situação de rua (albergue), alimentação às famílias em momento de vulnerabilidade social, quanto aos trabalhos de evangelização infantil, mocidade espírita, artes, cursos doutrinários e assistência espiritual.

Ao adquirir um livro da IDE Editora, além de conhecer a Doutrina Espírita e aplicá-la em seu desenvolvimento espiritual, o leitor também estará colaborando com a divulgação do Evangelho do Cristo e com os trabalhos assistenciais do Instituto de Difusão Espírita.

www.idelivraria.com.br

FUNDAMENTOS DO
ESPIRITISMO

1º Crê na existência de um único Deus, força criadora de todo o Universo, perfeita, justa, bondosa e misericordiosa, que deseja a felicidade a todas as Suas criaturas.

2º Crê na imortalidade do Espírito.

3º Crê na reencarnação como forma de o Espírito se aperfeiçoar, numa demonstração da justiça e da misericórdia de Deus, sempre oferecendo novas chances de Seus filhos evoluírem.

4º Crê que cada um de nós possui o livre-arbítrio de seus atos, sujeitando-se às leis de causa e efeito.

5º Crê que cada criatura possui o seu grau de evolução de acordo com o seu aprendizado moral diante das diversas oportunidades. E que ninguém deixará de evoluir em direção à felicidade, num tempo proporcional ao seu esforço e à sua vontade.

6º Crê na existência de infinitos mundos habitados, cada um em sintonia com os diversos graus de progresso moral do Espírito, condição essencial para que neles vivam, sempre em constante evolução.

7º Crê que a vida espiritual é a vida plena do Espírito: ela é eterna, sendo a vida corpórea transitória e passageira, para nosso aperfeiçoamento e aprendizagem. Acredita no relacionamento destes dois planos, material e espiritual, e, dessa forma, aprofunda-se na comunicação entre eles, através da mediunidade.

8º Crê na caridade como única forma de evoluir e de ser feliz, de acordo com um dos mais profundos ensinamentos de Jesus: "Amar o próximo como a si mesmo".

9º Crê que o espírita tenha de ser, acima de tudo, Cristão, divulgando o Evangelho de Jesus por meio do silencioso exemplo pessoal.

10º O Espiritismo é uma Ciência, posto que a utiliza para comprovar o que ensina; é uma Filosofia porque nada impõe, permitindo que os homens analisem e raciocinem, e, principalmente, é uma Religião porque crê em Deus, e em Jesus como caminho seguro para a evolução e transformação moral.

Para conhecer mais sobre a Doutrina Espírita, leia as Obras Básicas, de Allan Kardec.

www.idelivraria.com.br

idelivraria.com.br

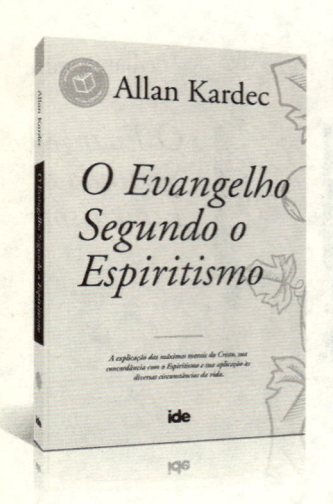

Pratique o "Evangelho no Lar"

Aponte a câmera do celular e
faça download do roteiro do
Evangelho no lar

Ide editora é nome fantasia do Instituto de Difusão Espírita, entidade sem fins lucrativos.

 ideeditora   ide.editora   ideeditora

◄◄ DISTRIBUIÇÃO EXCLUSIVA ►►

boanova editora

Av. Porto Ferreira, 1031 | Parque Iracema
CEP 15809-020 | Catanduva-SP
17 3531.4444   17 99777.7413

boanovaed
boanovaeditora
boanovaed
www.boanova.net
boanova@boanova.net

Fale pelo whatsapp

Acesse nossa loja